Disfruta con la
Mitología

Berta Garcia Sabatés

Ilustraciones:
Francesc Rovira

Aprende los valores
de las historias de los
dioses y los héroes de
la mitología griega
con actividades,
juegos y manualidades
muy divertidas

¿Qué es la **Mitología?**

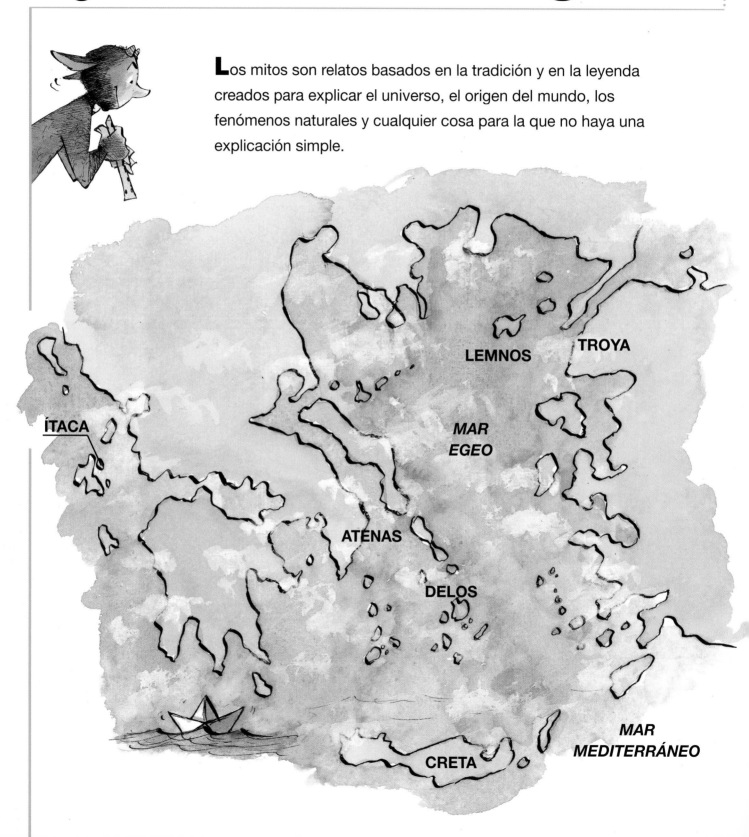

Los mitos son relatos basados en la tradición y en la leyenda creados para explicar el universo, el origen del mundo, los fenómenos naturales y cualquier cosa para la que no haya una explicación simple.

LEMNOS

TROYA

ÍTACA

MAR EGEO

ATENAS

DELOS

CRETA

MAR MEDITERRÁNEO

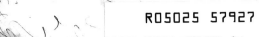

La MITOLOGÍA GRIEGA es una extensa colección de relatos
que cuentan las vidas y aventuras de una amplia variedad de dioses
y héroes, originalmente imaginados y difundidos en la tradición
oral y poética de esta antigua civilización del Mediterráneo oriental.
Entre estos mitos y leyendas hay algunos realmente bellos
por su significado.

Los dioses del Olimpo tenían una vida muy parecida a la de los
hombres, eran impredecibles y por eso unas veces tenían un estricto
sentido de la justicia y otras eran crueles y vengativos.

La mitología griega comparte una estrecha similitud con la romana.
En este glosario verás los nombres de varios dioses griegos
y su equivalencia con los romanos. De los nombres de esos
dioses y de sus hechos está nutrida la historia de las artes
y de las letras y frecuentemente aparecen en los libros y museos.

Nombre griego	Nombre latino	Principales funciones
Cronos	Saturno	Padre de los dioses del Olimpo, dios de la agricultura
Rea	Cibeles	Madre de los dioses del Olimpo, diosa de la tierra y la naturaleza
Zeus	Júpiter	Rey de los dioses, dios del cielo
Hera	Juno	Reina del Olimpo y diosa de la maternidad
Atenea	Minerva	Diosa de la artesanía y la sabiduría
Apolo	Febo	Dios del sol, las artes y las letras
Artemisa	Diana	Diosa de la caza y de la luna
Hermes	Mercurio	Mensajero de los dioses y dios del comercio
Hefesto	Vulcano	Dios del fuego, de los artesanos y de la forja
Ares	Marte	Dios de la tormenta y de la guerra
Afrodita	Venus	Diosa del amor y de la belleza
Poseidón	Neptuno	Dios del mar y del agua

Cronos y **Zeus**

Sobre el universo reinaba el dios Cronos, llamado por los romanos Saturno, casado con la diosa Rea. A Cronos le habían predicho que sería destronado por uno de sus hijos, quien llegaría a ser el rey en su lugar. Esto le preocupaba mucho, pero encontró la solución: devorar a sus propios hijos. Apenas nacidos, se apoderaba de ellos y los engullía de un bocado, sin piedad alguna.

La pobre madre, Rea, no sabía qué hacer. Un día nació el pequeño Zeus. Tenía unos ojos luminosos de color azul y rizos rubios. ¡Jamás había tenido Rea un hijo tan bello! Para salvarlo, decidió tomar una

piedra grande, la envolvió cuidadosamente y se presentó a su esposo meciéndola en sus brazos, como si se tratara de un niño. Era la hora de la cena y Cronos tenía mucho apetito. Tomó el envoltorio que le dio su esposa y engulló lo que pensaba que era su hijo, sin darse cuenta de que se trataba de una piedra.

Rea huyó con su hijo Zeus hacia la hermosa isla de Creta, en el Mediterráneo. En un bosque encontró una cueva donde se refugió con su pequeño. ¡El pequeño Zeus estaba seguro! Protegido por las ninfas del bosque, Zeus creció sano y fuerte y aprendió a jugar y a divertirse. Fue pasando el tiempo hasta que un día, convertido ya en hombre, se sintió seguro de sí mismo y capaz de afrontar a su padre Cronos, que había intentado devorarle. Lo destronó, expulsándole del cielo, y comenzó a reinar. Al principio, su reinado no fue pacífico, pues los titanes, que eran los seis hijos de Urano y Gea, de gran potencia física, declararon la guerra al nuevo señor del universo y decidieron asaltar el cielo para derrocarle. Zeus pensó entonces llamar en su ayuda a los cíclopes, unos gigantes con un solo ojo en la frente que vivían en el centro de la tierra y trabajaban los metales.

Zeus les dijo:

—Necesito de su ayuda, los titanes quieren asaltar el cielo para destronarme. Si me ayudan contra ellos, al fin de la guerra los recompensaré liberándolos de su prisión subterránea.

—Te ayudaremos —respondieron a la vez los cíclopes.

Y en pocos minutos se armaron todos de flechas y piedras.

Los dos ejércitos enemigos se enfrentaron furiosamente. Zeus empezó a disparar rayos sobre los titanes. Y los cíclopes, entre gritos de triunfo, los sepultaron bajo montones de rocas. Así terminó la guerra.

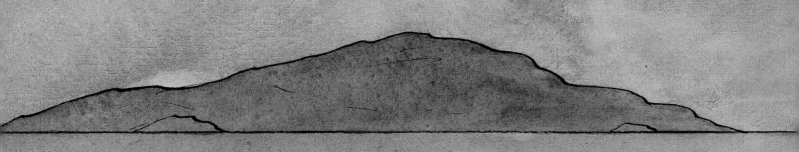

Para enfrentarnos a las adversidades *podemos pedir ayuda a los demás. Del mismo modo, si vemos que alguien nos necesita, debemos ayudarle en lo que podamos.*

Collar
de **pasta**

Elabora este bonito collar y regálaselo a tu madre. Demuéstrale cuánto la quieres.

Material
hilo de bordar, pinturas acrílicas de diferentes colores, pincel, botecito con agua para limpiar el pincel, tijeras, palillos redondos largos, un cuadro de unicel y pasta agujereada del tamaño y forma que te guste.

1. Toma la medida que va a tener el collar y corta el hilo un poco más largo. Pincha los palillos en el cuadro de unicel y ensarta la pasta que vayas a pintar en ellos, de modo que hagan de soporte.

2. Pinta los diferentes tipos de pasta del color que quieras y déjala secar.

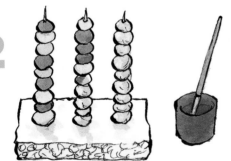

3. Monta el collar atando una "bola" de pasta en el extremo del hilo y luego ensarta el resto de bolas a tu gusto.

4. Termina atando otra "bola" de pasta con un nudo y luego haz una hembrilla para poder abrocharlo.

El monte **Olimpo**

Restablecida la calma, Zeus se fue a vivir a una altísima montaña de Grecia: el Olimpo. Sobre la cima del monte, edificó un espléndido palacio con mármol y oro. En la sala más amplia del edificio estaba el trono de Zeus, de oro, marfil y piedras preciosas. Con él también vivían los demás dioses, cuya vida era tranquila y plácida. En otro palacio habitaban las tres diosas del destino: Cloto, Láquesis y Átropos. Sus muros eran de bronce y en ellos estaba grabado el destino de los hombres. Las tres diosas mezclaban hilos de lana dorados y negros. Hilaban las vidas de los hombres: los hilos de oro indicaban días de felicidad, y los negros señalaban los de dolor. Cuando una vida llegaba a su fin, la hebra se rompía y alguien moría en la tierra.

En la vida todos tenemos un papel, una función, que debemos cumplir y desarrollar de la mejor forma que podamos para nuestra felicidad y la de los demás.

¿Cuál es
tu papel?

En cualquier obra de teatro, cada participante tiene su papel asignado. Juega con tus amigos a representar uno de los relatos mitológicos que encontrarás en este libro, el que más te guste. Cada cual debe aprenderse bien su papel.

Los personajes son los seres que aparecen en una historia y se dividen en principales y secundarios.

El matrimonio de **Zeus**

En la isla de Eubea vivía Hera, una hermosa joven. Un frío día de invierno, Zeus le pidió que fuera su esposa y reina del Olimpo. Celebraron la boda con una gran fiesta y los dioses acogieron con alegría a la nueva soberana. Se querían mucho pero él tenía mal genio y ella era muy celosa y esto creaba entre ellos terribles disputas que desencadenaban tempestades de lluvias y vientos. Cuando se reconciliaban, se restablecía la calma en el cielo. Un día, Hera, desesperada, decidió abandonar el Olimpo y desapareció. Zeus se entristeció mucho.

Los celos no son buenos.

Debemos confiar en las personas a las que queremos y no ser celosos de su libertad y felicidad.

Marco de **fotos**

Piensa en alguien a quien quieras, y elabora este bonito marco que tú mismo puedes hacer y decorar. En él podrás poner una fotografía de esta persona querida.

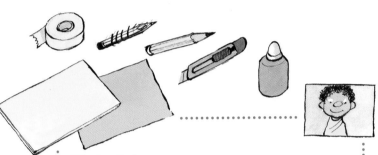

Material
cartón, papel, cúter, lápiz, regla, barniz, pincel, pegamento y cinta adhesiva.
Elementos de decoración
conchas, arena, estrellas de mar, etc.

1. Pide ayuda a un adulto para recortar el cartón con el cúter siguiendo las líneas de cada uno de los patrones (páginas 94 y 95) para el marco y el soporte. Recorta también el papel que cubrirá la parte posterior del marco.

2. Una vez cortada y con ayuda del pegamento, engancha a la parte frontal del marco los diferentes elementos de decoración que tienes. Déjalo secar para que queden fijos. Cuando se haya secado, barnízalo y déjalo secar de nuevo.

3. Coloca la foto en el rectángulo y pégala con cinta adhesiva por la parte trasera para que no caiga.

4. Engancha el papel en la parte trasera del marco con pegamento.

5. Dobla el cartón que hará de soporte por las líneas indicadas en el patrón (elige la posición ideal según la fotografía que tengas: vertical o apaisada) y pégalo en la parte trasera. Espera unas horas para que quede bien unido.

La muñeca de **madera**

Buscando la mejor manera de solucionar el conflicto, Zeus pensó en recurrir a Citerón, famoso por su astucia. Inmediatamente fue en su busca y le contó lo sucedido. Citerón, un hombre muy hábil, hizo construir una bellísima muñeca de madera del tamaño de una mujer; la vistió con espléndidas ropas y la colocó sobre un carro tirado por majestuosos bueyes blancos, de grandes cuernos.

Desde lejos, parecía un ser vivo. Citerón le dijo a Zeus:

–Espérame en mi palacio y déjame hacer.

Se marchó en el carro y comenzó a recorrer la tierra, anunciando por todas partes que su compañera era la nueva prometida de Zeus. Una mañana, la vieja nodriza Macri se enteró de la noticia e inmediatamente se la comunicó a Hera. ¡Imaginad el dolor y enojo de la diosa! Se lanzó corriendo a través del campo, hasta alcanzar el carro. En un arrebato de ira, se abalanzó sobre la muñeca, desgarró sus vestidos, le arrancó el velo que cubría su rostro… y se quedó muy sorprendida al darse cuenta de que su rival ¡era una simple muñeca de madera!

Comprendió que Zeus había recurrido a esa sencilla broma porque
la quería de verdad y deseaba reconciliarse con ella. Desarmada,
comenzó a reír y ocupó el lugar de la supuesta rival. Citerón la llevó
entonces a los brazos de Zeus.

*A veces
pensamos que
las cosas son
de una forma*
*y en realidad no son
como nos imaginamos.
Nos engañamos con
los pensamientos.
En ocasiones no nos
damos cuenta de que
quienes nos rodean
nos quieren hasta
que no nos lo dicen
o nos lo demuestran.*

¿Sabías que...

... William Shakespeare fue un poeta inglés considerado uno de los más famosos de todos los tiempos?
Aprende este poema y recítaselo a las personas que más quieras.
También puedes reunir a tu familia y recitarlo delante de todos.

Si pudiera exaltar tus bellos ojos
y en frescos versos detallar sus gracias,
diría el porvenir: «Miente el poeta,
rasgos divinos son, no terrenales».
(QUIÉN CREERÁ EN EL FUTURO MIS POEMAS)

Nacimiento de **Atenea**

Un día Zeus se despertó con un terrible dolor de cabeza, y como tenía muy poca paciencia, pensó: "Lo mejor será abrirla, para ver qué hay dentro de ella capaz de producir tanto daño". Llamó a Hefesto, dios de los artesanos, y le pidió que le abriera el cráneo con su hacha. Hefesto cumplió la orden y, sorprendentemente, de su cabeza salió una mujer de extraordinaria belleza. Los dioses acudieron a saludar y festejar a la magnífica Atenea, diosa de la sabiduría y la guerra justa que sabía producir tejidos y blondas preciosas.

Cuando tengas una convicción o intuyas que algo será bueno para ti y para los demás, no debes rendirte, aunque te cueste lograrlo. Después comprobarás que el esfuerzo valía la pena.

¿Sabías que...

... Atenea era una de las diosas más respetadas?
La diosa de la sabiduría y de la guerra empleaba más la inteligencia que la fuerza bruta. En tiempos de paz, enseñaba miles de técnicas a los hombres y los ayudaba a mejorar su civilización. Atenea se convirtió en la patrona de Ática, la región de Atenas, y así llegó a ser la protectora de esta ciudad que adquirió su nombre. Los templos, y en particular el gran Partenón, fueron dedicados a esta diosa.

El castigo de **Aracné**

Había una jovencita llamada Aracné, habilísima tejedora, cuyos trabajos admiraban todos. Un día fueron a visitarla las ninfas del bosque y le dijeron:

–¿Quién te ha enseñado a hacer labores tan hermosas? Seguramente ha sido la diosa Atenea.

–¡De ninguna manera! ¡Todo es invención mía, Atenea no me ha enseñado nada y no temería competir con ella!

–Eres muy soberbia, Aracné, deberías venerar a la diosa en vez de desafiarla.

Dicho esto, las ninfas se fueron.

Poco después llamó a la puerta una viejecita que le suplicó humildemente:

–¿Puedo entrar? Quiero ver tus labores, me han dicho que son muy bonitas.

Aracné la dejó entrar y la viejecita se acercó al telar de la joven.

–Desde luego, eres habilísima, pero no debes mostrarte demasiado orgullosa por ello. He oído lo que decías a las ninfas del bosque y he venido para darte un consejo: no desafíes a la diosa Atenea.

–He dicho que no le temo y me siento capaz de competir con ella.

Apenas la joven acabó de pronunciar estas palabras, la viejecita se convirtió en la radiante diosa Atenea.

–Aquí me tienes, Aracné. Comienza el desafío.

La diosa se sentó ante un telar de oro y la doncella lo hizo ante el suyo. Trabajaron durante días y noches. Ambas labores eran maravillosas, impecables, pero las de Atenea resplandecían como si estuvieran iluminadas por una luz secreta.

–Tu labor es perfecta y no tiene ningún defecto. Sin embargo, la mía posee una luz divina que jamás podrá tener la tuya.

Aracné inclinó la cabeza, humillada y vencida. Atenea la castigó por su arrogancia y la convirtió en araña.

Aracné era orgullosa y soberbia. *Cuando alguien tiene una cualidad, no ha de presumir de ella. La debe aprovechar para ser feliz y hacer felices a los demás, no para competir orgullosamente. Debemos ser humildes y no arrogantes.*

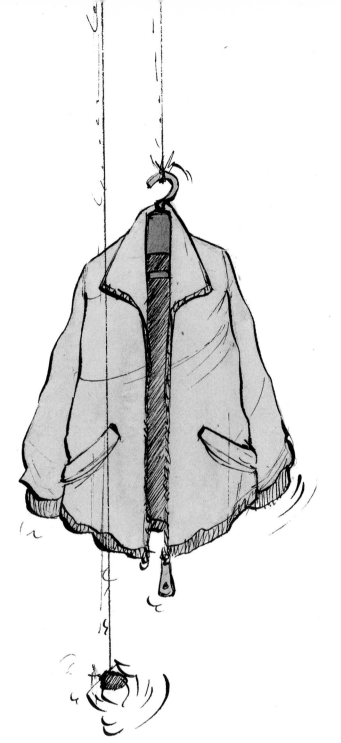

Las **arañas**

En tu casa probablemente has visto moscas y mosquitos, polillas, y esos insectos que comen el papel de los libros y corren rápidos por las paredes. Más discretas, escondidas en rendijas o colgando de sus telas, te guste o no, hay arañas. Aunque te asusten, las arañas domésticas en general no son peligrosas y nos hacen un favor: se comen muchos bichos dañinos que devoran libros, ropa o muebles, que te pican o transmiten enfermedades. Fuera de nuestras casas, en los cultivos, las arañas pueden usarse para controlar plagas, ahorrando cuantiosas sumas de dinero gastadas en plaguicidas que, además, contaminan el ambiente.

La araña produce de forma natural una tela que es tres veces más resistente que los tejidos artificiales con los que hoy se fabrican los tejidos a prueba de balas. Una empresa brasileña pretende desarrollar un algodón genéticamente modificado, cuyos copos contendrán genes de tela de araña, con la intención de producir una fibra más resistente y flexible. La proteína de la telaraña formará parte de la composición de la propia fibra del algodón y podrá ser útil para la industria textil, sobre todo en la elaboración de ropa deportiva y de seguridad.

Estos bichos no tienen la cabeza y el tórax separados, sino unidos en el llamado cefalotórax, que junto con el abdomen forman el cuerpo de la araña. Casi todas tienen ocho ojos muy sencillos, pero en realidad son bastante miopes.

Apolo, el dios Sol

Delos era una pequeña isla en medio del mar, en cuya tierra, estéril y desierta, no crecía ni el más pequeño árbol.
Los vientos la empujaban constantemente sobre las olas, azotándola furiosamente.

Un día, la bellísima diosa Leto decidió que aquella tierra acogería a su hijo Apolo. Desde entonces su suelo sería fértil y la isla se poblaría con prosperidad. Y así fue. Nació Apolo, el dios del sol y de la luz. A los cuatro días de edad, Apolo demostró su extraordinario poder. En una profunda cueva vivía un terrible monstruo, la serpiente Pitón, que tenía aterrorizados a los habitantes del país, pues devoraba los rebaños y todo cuanto encontraba en su camino. Apolo decidió terminar con ella. Se dirigió a la caverna donde se escondía el maldito reptil, llevando en la mano una gran antorcha encendida. Con valentía, hirió mortalmente al monstruo con una de sus flechas de fuego. El mundo quedó por fin liberado de tan terrible castigo.

Por muy grandes que sean nuestros temores, debemos enfrentarnos a ellos *parar intentar superarlos. Una vez lo hayamos hecho, nos sentiremos liberados.*

Yo nunca

Una forma de liberarnos de nuestros temores es hablando.
Jugando al "Yo nunca…" te divertirás al explicar tus temores a tus compañeros o tu familia y compartirlos con ellos.

Siéntense en el suelo formando un círculo. A suertes, uno de los concursantes iniciará el juego con una frase que explique algo que él nunca se ha atrevido a hacer por temor. La frase debe empezar así: "Yo nunca…"
(Por ejemplo: Yo nunca me he subido a un árbol). Los compañeros que sí lo hayan hecho se han de poner de pie y explicar uno a uno su experiencia.

Participantes
Número ilimitado

El obstinado **Faetón**

Apolo creció y se casó con Clímene. Tuvieron un hijo, Faetón, y siete hijas, las jóvenes Helíadas. Faetón practicaba el atletismo y siempre ganaba a sus compañeros. Un día, uno de éstos le dijo con ironía:

–Tú presumes de ser hijo de Apolo; pero, ¿cómo puedes demostrarlo?

–¡Te lo probaré y me creerás! –respondió Faetón impetuosamente.

Faetón corrió a su casa indignado y le dijo a su padre:

–Padre, mis amigos no me creen hijo tuyo. ¡Déjame probarles que es verdad!

–Hijo, pídeme cuanto quieras y te juro que no te lo negaré.

Al escuchar las palabras de su padre, Faetón comprendió que podía pedirle todo, y le dijo:

–¡Déjame guiar tu carro por el cielo!

Apolo quedó desconcertado; no imaginaba una petición tan temeraria. Intentando hacerle desistir, le dijo:

–Eres todavía muy joven, ¿cómo vas a guiar mi carro? ¡Resultaría muy peligroso! No conoces mis caballos y no tienes la fuerza necesaria para dominar las riendas.

Desgraciadamente, Faetón era obstinado. Nada lograba persuadirlo.

Apolo se vio obligado a consentir; había jurado y debía mantener su palabra.

Al día siguiente, impaciente, Faetón saltó sobre el carro, empuñó las riendas y los caballos le transportaron a las más altas regiones del cielo. Entonces sintió miedo, y comprendió que había confiado demasiado en sus fuerzas. Antes de partir, Apolo le había hecho muchas recomendaciones, pero no sabía si se acordaría de todas sus advertencias.

De pronto, Faetón sintió vértigo.

Los caballos se dieron cuenta de que no eran guiados por Apolo y se sintieron libres y dueños del espacio. Salieron del camino y el carro del Sol empezó a abrasarlo todo. Los ríos se quedaron secos, el mar se vació, y ardieron los bosques, campos, montes, ciudades y aldeas. Sobre la tierra desolada, los hombres suplicaban a los dioses que pusieran fin a tanto horror. Faetón abandonó las riendas y se dejó caer. Por fin, Rea, diosa de la tierra, gritó:

–¡Zeus, pon fin a tanto horror y tanta destrucción!

Zeus descargó sus rayos y Faetón se precipitó en el espacio.

Esta historia nos enseña que no hemos de ser obstinados. Debemos creer en nuestras posibilidades y ser conscientes de nuestras limitaciones. Todo requiere un tiempo de aprendizaje, es mejor no precipitarse y esperar a aprender para hacer bien aquello que queremos hacer.

Fichero de **libros**

Quizás hayas leído unos cuantos libros. ¿Recuerdas cuáles son? ¿Y sus autores? Elabora tu propio fichero de libros y así podrás consultar y recomendar los que más te hayan gustado. Al cabo de un tiempo, podrás ver lo mucho que has aprendido con estas lecturas.

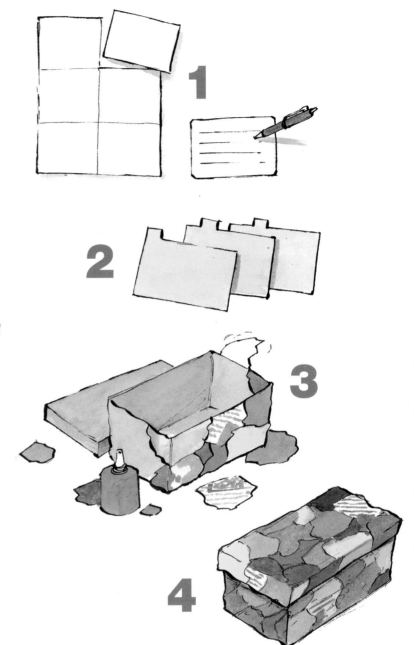

Material
cartulina de color, cartulina blanca, bolígrafo, regla, tijeras, caja de zapatos, pegamento, barniz y pincel.
Material para decorar la caja
recortes de artículos de periódico o revistas sobre libros y obras literarias.

1. Corta la cartulina blanca en forma de fichas, tal como ves en la ilustración. Piensa que las fichas deberán caber en la caja de zapatos. Escribe en cada una los apartados que quieres que tenga: título, autor, país, fecha de edición, fecha de inicio y de fin de lectura, comentarios, valoración…

2. Corta la cartulina de color para realizar los separadores, uno para cada letra del abecedario. Escribe las letras en las pestañas. Establece el criterio de clasificación de los libros: por orden alfabético de su título, o de su autor, etc.

3. Decora la caja y la tapa: coloca un recorte y pégalo, luego otro, y así sucesivamente hasta que cubras toda la caja y toda la tapa.

4. Barnízalo y deja secar ambas partes al menos dos días.

Artemisa

Artemisa, la hermana de Apolo, era una bella joven a quien le gustaba la caza sobre todas las cosas. Cada tarde, cuando veía que su hermano volvía de su viaje por el cielo guiando el carro del Sol, ella se ponía un maravilloso vestido tejido con rayos de luna, montaba su carro de plata y recorría el firmamento nocturno. De esta forma, Artemisa se transformaba, durante la noche, en la diosa Luna. Protegía a los viajeros iluminando los caminos y favorecía la fertilidad de los campos y las cosechas.

Cómo encontrar **una estrella**

¿Has observado alguna vez el FIRMAMENTO? El mejor momento para hacerlo es la noche. Está lleno de constelaciones. Los griegos reconocieron y nombraron cuarenta y ocho constelaciones. En 1928, la Unión Astronómica Internacional (UAI) fijó los límites de las 88 constelaciones del firmamento. Cada una de las 88 agrupaciones de estrellas que aparecen en la esfera celeste toma su nombre de figuras mitológicas, animales u objetos. Sabiendo las posiciones de las constelaciones, es posible localizar las estrellas, los planetas, los cometas y los meteoritos.

Las constelaciones parecen moverse hacia el oeste mientras que la tierra gira alrededor de su propio eje. Por esta razón, ciertas constelaciones se pueden observar solamente durante una de las estaciones del año.

Altea y **las Moiras**

Los reyes de Calidonia, Eneo y Altea, tuvieron un hijo llamado Meleagro. Una noche, las Moiras, las tres diosas del destino, entraron en la habitación de la reina que dormía junto a su hijito.

Cloto se acercó a la cuna y dijo:

–¡Este niño será bueno y generoso!

Luego, Láquesis profetizó:

–¡Será fuerte y valiente!

Finalmente, Átropos señaló el fuego y dijo:

–¡Este niño vivirá mientras ese tizón no se convierta en ceniza!

Y las tres diosas desaparecieron. La reina se levantó de la cama y se precipitó sobre aquel tizón, ya medio consumido; lo sacó del fuego, lo apagó y lo ocultó en un cofrecito.

¡Nadie debía saber el terrible secreto del cual dependía la vida de su hijo!

Una cajita de **arcilla**

¿Tienes un cofrecito para guardar tus cosas?
Te damos los pasos para que puedas elaborar una cajita de arcilla muy útil.

Material
arcilla roja, cartón, barniz o pinturas de colores para arcilla y pincel.
Herramientas
rasqueta, listones de madera, desbastadores, hilo de cortar y punzón.

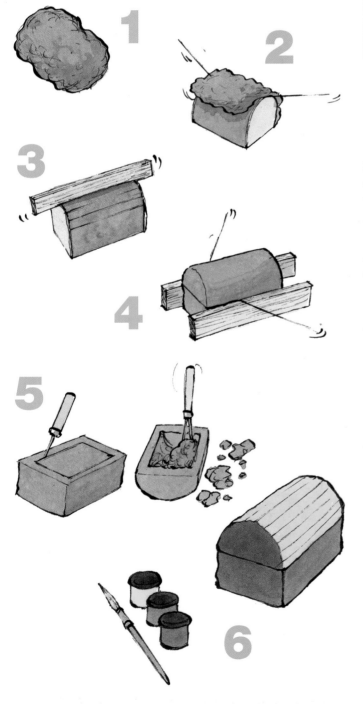

1. Amasa la arcilla y modélala hasta darle la forma que muestra la ilustración.

2. Una vez que hayas modelado el volumen, coloca dos plantillas de cartón que habrás preparado previamente y pasa el hilo de cortar siguiendo el contorno de aquéllas.

3. Con un listón de madera, señala la textura, por toda la superficie de la pieza, sin que se deforme. Deja reposar el cofre modelado unas cuatro horas, hasta que tenga cierta consistencia.

4. Con el hilo, y utilizando unos listones como guías, corta lo que será la tapa del cofre.

5. Separadas las dos partes, marca con el punzón la línea por donde vaciarás para dejar el cofre hueco. Con el desbastador, saca la arcilla de las dos partes del cofrecito. Procura que tengan un grosor uniforme las paredes y que el ajuste de la tapa con la caja sea perfecto.

6. Déjalo secar. Una vez seco, puedes barnizarlo o pintarlo a tu gusto.

Meleagro y **Atalanta**

Un verano, el rey Eneo se fue de viaje y olvidó ofrecer a Artemisa las primicias de la cosecha. Cuando regresó encontró sus tierras desoladas. Artemisa había enviado un feroz jabalí que devastaba los campos, arrancando los árboles y destruyendo los frutos. Meleagro pidió a su padre que organizara una batida para cazar ese animal y librar al país de tan terrible castigo. El rey hizo venir cazadores de todas partes. Pero fue Atalanta, una joven e intrépida cazadora, quien alcanzó al jabalí con una flecha y lo mató. Meleagro se alegró mucho. En la batida habían participado también los hermanos de la reina –tíos de Meleagro–, que eran malvados y envidiosos. Viendo que el trofeo de la victoria se entregaba a una mujer, protestaron violentamente. Meleagro se lanzó contra ellos y, cegado por la ira, mató a sus tíos. Cuando la reina Altea se enteró, se enfadó mucho. Pensó en la escena de las tres Moiras junto a la cuna del niño, e impulsada por el enojo, corrió hacia el lugar donde tenía oculto el cofrecillo, sacó el tizón y lo arrojó al fuego. En pocos minutos, las llamas lo consumieron. En aquel instante murió Meleagro. Atalanta, dolorida y triste, abandonó inmediatamente Calidonia y regresó a su país.

¿Sabes por qué Artemisa quería tanto a Atalanta? Ésta era hija de un rey. Cuando nació, su padre se decepcionó mucho porque deseaba un varón, no una niña. En un arrebato de furor ordenó a la nodriza que abandonara a la pequeña en el bosque. Llorando de pena, la vieja nodriza la llevó al bosque; pero antes de abandonarla, rogó a los dioses que la salvaran.

Era una tarde primaveral, y Artemisa había salido a cazar. Al regresar, cuando anochecía, escuchó el llanto de la niña, la vio y la tomó en brazos.

Artemisa hizo sonar su silbato de plata y al momento apareció una gran osa negra, pacífica y buena.

–Querida osa, debes amamantar y cuidar a esta hermosa niña.

La osa tomó delicadamente a la pequeña y la llevó a la cueva donde estaban sus recién nacidos ositos y desde aquel día la amamantó y cuidó. Atalanta creció muy bella y sana. Cuando fue mayorcita, Artemisa la adiestró en la caza. Después de la muerte de Meleagro, la joven reanudó su vida en el bosque, alejada del mundo.

¿Conoces los **animales del bosque?**

Te damos los pasos para que aprendas a dibujar alguno de ellos.

Material
papel, lápiz, goma de borrar y colores.

La lechuza y el zorro son animales muy discretos y cazan sobre todo por la noche. Durante el día permanecen ocultos.

El padre de **Atalanta**

Un día, en el bosque se oyeron unos ladridos de perros, y las ninfas huyeron asustadas, temiendo ser vistas. Atalanta también echó a correr, pero un ciervo herido cayó a sus pies cerrándole el paso, y tras él llegó un grupo de caballeros, en su persecución. El ciervo miró con ojos suplicantes a Atalanta, y por primera vez la cazadora sintió piedad. Extendió sus manos sobre el animal y gritó a los cazadores:

–¡No lo maten!

El más anciano de los cazadores se adelantó, y su rostro áspero y duro se iluminó con una sonrisa:

–El ciervo es tuyo: que se salve, si así lo quieres.

–Te lo agradezco, señor –contestó la joven mientras alzaba la mano en un gesto de saludo.

El rey lanzó un grito: acababa de ver en la muñeca de la joven los dos puntitos oscuros que tenía su hija al nacer.

–¡Hija mía, hija mía! ¡Por fin te he encontrado! Y en un arranque de alegría y ternura se despertó en su corazón el cariño de padre y corrió a abrazar a Atalanta. Luego, emocionado, le narró llorando su historia.

–Los dioses han castigado mi perfidia y mi crueldad no concediéndome ningún otro hijo… Soy viejo y estoy solo. Ten piedad de mi, Atalanta querida…, perdóname… ¡Olvida lo ocurrido y vuelve a mi lado!

Atalanta negó con la cabeza, en silencio. Y el rey, desolado, volvió a montar a caballo y se alejó lentamente. Atalanta le siguió de lejos con la mirada, y luego fue a reunirse con Artemisa y las ninfas. Se sentía triste: la imagen de su padre no la abandonaba. Pasaron algunos días y por fin anunció a Artemisa:

–Deseo ir al lado de mi padre. Siento piedad por él, pues creo que está arrepentido y me quiere mucho. Siento dejarte, diosa, porque es a ti a quien debo la vida; sin embargo, mi padre me necesita y me llama… Es viejo y está solo…

–Ve, Atalanta; eres buena y generosa y debes seguir el impulso de tu corazón.

Desde aquel día, la joven vivió en el palacio con su padre. Éste, ya cerca de la muerte, deseaba verla casada; pero Atalanta le decía:

–No quiero casarme padre. Como sabes, pertenezco a la diosa Artemisa y deseo mantenerme tan libre como ella.

Sin embargo, tanto insistió el padre, que la joven terminó por consentir.

–Bien, me casaré, pero con una condición: sólo me casaré con quien sea capaz de vencerme en la carrera.

Debemos estar contentos con lo que tenemos y no desear constantemente lo que tienen los demás. Si valoramos y reconocemos lo que tenemos y nos sentimos afortunados, seremos más felices. De lo contrario, nunca estaremos contentos. Debemos perdonar a quien nos pide perdón arrepentido de lo que ha hecho. No tenemos que ser orgullosos, hemos de saber perdonar.

La **caza**

La caza es una actividad que debe ejercitarse de una manera racional y ordenada, de forma que se garantice la existencia permanente de los hábitats de los animales salvajes. Todos los países tienen sus leyes que regulan esta práctica para resolver los problemas derivados de la depredación que sufre la fauna silvestre, con el consiguiente perjuicio para la conservación de las especies y el equilibrio ecológico. Por ello existen los cotos de caza, que son zonas delimitadas para ejercer la caza. Gracias a esto, los animales viven y el ecosistema se mantiene. Si no fuera así, algunas especies desaparecerían o se extinguirían.

El buen cazador es el que siente profundo respeto por la fauna y trabaja por la conservación de las especies, en contra del furtivismo y de la caza masiva.

Hipomenes

Atalanta era muy bella, y acudieron aspirantes de todo el mundo para intentar la prueba. Un joven príncipe llamado Hipomenes se enamoró de ella y le pidió consejo a Afrodita, la diosa del amor. Ésta le dio tres manzanas de oro para que las dejara caer en su carrera con Atalanta. Cuando comenzó la carrera, dejó caer al suelo una de las manzanas. Atalanta la recogió, perdió unos segundos y el joven la adelantó; pero ella redobló la velocidad y superó de nuevo al pretendiente. Después dejó caer la segunda. Atalanta se detuvo a recogerla pero también logró recuperar el terreno perdido. Al fin Hipomenes dejó caer la tercera manzana, Atalanta se detuvo pero como la meta estaba próxima, no le fue posible alcanzar al joven, que llegó primero al final. Atalanta se casó con Hipomenes y fueron muy felices.

Cuando quieras una cosa de verdad, debes esforzarte y luchar para conseguirla. No desistas nunca.

¿Sabes **cocinar?**

Atrévete a confeccionar esta rica tarta
de manzana y compártela con tus amigos.

1. Pela las manzanas y córtalas
en forma de gajos muy finos.

2. Enharina el hojaldre y pínchalo
varias veces con un tenedor.

3. Coloca los trocitos de
manzana encima del hojaldre.
Espolvorea las manzanas con
un poco de azúcar.

4. Pon la tarta en el horno
durante aproximadamente veinte
minutos a unos 200 ºC, hasta
que quede bien tostada.

5. Después de sacarla del horno,
extiende un poco de mermelada
de melocotón por encima de la
tarta y déjala enfriar.

Ingredientes
2 manzanas golden,
una lámina de hojaldre, una
cucharada de azúcar, harina
y mermelada de melocotón.

El rey **Midas**

Un día el rey Midas hospedó en su palacio a Dioniso, dios del vino. Éste, agradeciendo su hospitalidad, antes de marcharse le dijo:

–Midas, has sido muy atento conmigo, dime lo que deseas y te lo concederé.

–¡Quiero que todo cuanto toque se convirtiera en oro!

–Así será –le contestó el dios.

Midas tocó un árbol y se volvió de oro. Entusiasmado, siguió tocando todo lo que veía y al poco rato, todo el palacio resplandeció de oro. Cansado ya, pidió que le trajeran algo de comer pero ¡todo lo que tocaba se convertía en oro macizo! Midas quedó muy preocupado. Los criados lo miraban consternados y sus familiares no querían acercarse a él por miedo a transformarse en estatuas de oro. Desesperado ante la situación, Midas rogó:

–¡Poderoso Dioniso, libérame de este atroz destino!

El dios se compadeció y le dijo a Midas:

–Veo que estás arrepentido y te libro del fatal destino a que tú mismo te habías condenado. Báñate en el río y el agua te salvará.

Midas obedeció y quedó liberado de aquel castigo.

No debes ser ambicioso.

Si valoras y aprecias todo lo que tienes serás más feliz. Midas fue ambicioso pero después lo reconoció y se arrepintió.

El **oro**

El oro es un elemento químico de número atómico 79 situado en el grupo 11 de la tabla periódica. Su símbolo es Au (del latín *aurum*). Este elemento se conoce desde la antigüedad. Por ejemplo, existen jeroglíficos egipcios del 2600 a. C. que lo describen, y también se menciona varias veces en el Antiguo Testamento. Se ha considerado como uno de los metales más preciosos y su valor se ha empleado como estándar para muchas monedas a lo largo de la historia. El oro se ha empleado como símbolo de pureza, valor, realeza, etc. El principal objetivo de los alquimistas era producir oro a partir de otras sustancias, como el plomo. En muchas competiciones se premia al ganador con una medalla de oro, una de plata para el segundo y una de bronce para el tercero. Actualmente el oro se utiliza en joyería, industria y electrónica.

En el Evangelio de San Mateo, es uno de los regalos que los Reyes Magos ofrecieron al Niño Jesús en la epifanía.

El desafío de **Marsias**

Marsias fue un sátiro que tocaba muy bien la flauta. Un día dijo que era capaz de interpretar mejores melodías que Apolo con su lira. Apolo y Marsias marcharon a la corte del rey Midas para competir en un desafío musical. El rey Midas estaba sentado en su trono, y alrededor se amontonaba el pueblo, ansioso de escucharlos. Marsias fue el primero en tocar. Cuando terminó, Midas aplaudió con fuerza. Entonces, Apolo avanzó pulsando la lira de oro, y sus notas sobrehumanas se elevaron en un canto de maravillosos acordes. La Musas proclamaron solemnemente que era el vencedor. Pero Midas no se dio por vencido, pues era obstinado y soberbio. Había aplaudido a Marsias y quería defenderlo. Apolo salió del palacio muy ofendido.

A veces podemos equivocarnos pero debemos saber rectificar. Hemos de respetar las opiniones distintas a la nuestra. Debemos poder opinar con libertad sin obstinarnos y respetando el parecer de los demás.

Debate

Organiza un debate con tus compañeros o con tu familia. Debéis elegir un tema, como, por ejemplo, LOS EXÁMENES. Por turnos, todos los participantes en el debate deberán exponer lo que piensan. Uno de vosotros puede hacer de moderador.

El debate es una forma de hablar de los temas entre las personas respetando las distintas opiniones.

El pequeño **Heracles**

Apenas nacido, Heracles –Hércules para los romanos- dio una sorprendente prueba de su extraordinaria fuerza. Una noche, cuando estaba en la cuna, dos serpientes amenazadoras entraron en su habitación y se acercaron a él con la cabeza levantada. Sin asustarse, se incorporó y agarró a las serpientes por la garganta. Con una fuerza asombrosa luchó con ambos reptiles y logró vencerlos. Todos decían que aquel niño estaba destinado a cumplir gloriosas gestas.

Como los dioses, *las personas destacan por sus cualidades.*
Éstas pueden ser físicas o intelectuales. Cada uno de nosotros tiene unas cualidades que debe desarrollar.

¿Cuáles crees que son **tus cualidades?**

Puedes pedir a tus padres o tus amigos que te ayuden a averiguarlas. Elabora una lista de cuáles son y escríbelas en un papel.

Generosidad, optimismo, simpatía, responsabilidad, honestidad, obediencia, sinceridad, valentía, solidaridad, prudencia, paciencia...

La muerte de **Lino**

Por desgracia, esa fuerza resultó fatal para uno de sus profesores, Lino, quien tenía la misión de instruirle en la música y en las letras. Un día el profesor mostró a su alumno varias obras y le preguntó cuál le gustaba más de todas ellas.

Heracles pensaba que la poesía, la historia, la filosofía y otros conocimientos eran cosas hermosas, pero difíciles de comprender: no estaban hechas para él. Examinó aquellos libros. A propósito, el profesor había puesto entre aquellos volúmenes uno que no era precisamente una obra de arte: un libro de cocina. Apenas lo abrió, Heracles sintió que se le hacía agua la boca viendo la descripción de algunos platos suculentos y postres exquisitos.

–¡Este sí que es un libro magnífico! –exclamó con entusiasmo–. Es el que prefiero.

Lino se indignó de tal manera que no pudo contenerse y llenó de violentos reproches al inepto alumno.

Al oír tan desagradables palabras, Heracles se enfureció de tal modo
que tomó la cítara, levantó el brazo y golpeó con el instrumento
la cabeza de su maestro, quien cayó al suelo y murió. Heracles
se le echó encima lamentándose con gritos de remordimiento,
dolor y desesperación, pero ya era demasiado tarde.

Antes de actuar debemos pensar en lo que vamos a hacer, para no tener que arrepentirnos luego. Debemos saber contenernos y controlar nuestros sentimientos a tiempo, porque después puede ser demasiado tarde.

Elabora tu propio
libro de recetas

Será muy práctico para recordar cómo se elaboran tus platos preferidos.

1. Empieza diseñando las fichas donde escribirás la receta. Divide cada ficha en dos apartados, uno para los ingredientes y las cantidades necesarias de cada uno de ellos y otro para el desarrollo de los pasos necesarios para la elaboración del plato. Puedes añadir otro apartado de sugerencias y opiniones. Haz tantas fichas como desees que tenga tu libro.

2. Elabora las tapas con la cartulina y decóralas a tu gusto. Luego, fórralas con papel de plástico transparente, así quedarán protegidas de las posibles manchas que puedan sufrir en la cocina.

3. Recorta tres cartulinas, una de cada color, que serán los separadores del recetario. Puedes clasificar las recetas por Primeros platos, Segundos platos y Postres. Perfora todas las hojas del libro y pasa la cinta por los orificios.

Material
hojas de papel del tamaño que quieras que tenga el libro, bolígrafos de colores, cinta, perforadora, cartulinas de colores y papel de plástico transparente para forrar libros.

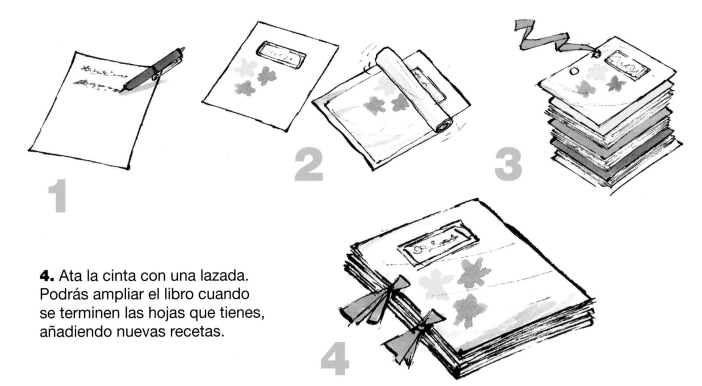

4. Ata la cinta con una lazada. Podrás ampliar el libro cuando se terminen las hojas que tienes, añadiendo nuevas recetas.

Las doce **hazañas**

Ya adulto, Heracles le quiso preguntar al dios Apolo qué debía hacer para purificarse de los varios desastres que había causado durante su vida queriendo demostrar su fuerza. Apolo le contestó que durante doce años debería permanecer al servicio de su hermano Euristeo, rey de Micenas.

Éste era tan débil y cobarde que, temiendo verse destronado por el héroe más fuerte de Grecia, le impuso la obligación de realizar doce hazañas o trabajos, esperando que muriera en alguno de ellos.

Para realizar sus doce hazañas, conocidas como "Los trabajos de Heracles", éste necesitó ocho años y un mes. Así quedaba libre del yugo de la esclavitud, y podía considerarse purificado de sus anteriores faltas, según le había dicho Apolo.

Desde entonces se dedicó a recorrer el mundo, combatiendo siempre contra la injusticia y la maldad. Castigaba a los malvados y ayudaba a los pueblos oprimidos.

Día tras día prestó su ayuda al rey Euristeo, quien le prometió, como premio, darle por esposa a su propia hija Jole; pero luego se la negó y el encolerizado héroe mató a su hermano en un exceso de furor.

Otra vez culpable, volvió a preguntarle
al dios Apolo cómo podría perdonarle.
Y el dios le impuso como castigo un año
más de esclavitud.

Mercurio se encargó de venderlo,
lo embarcó para Asia y lo cedió a Onfalia,
reina de Lidia, quien se sirvió de él para
librar de los ladrones al país.

Conseguido esto, la caprichosa reina,
dándose cuenta de que Heracles era
un inocentón, le prometió ser su esposa
con el fin de conseguir que la obedeciera
ciegamente.

Onfalia era muy bella, y Heracles le prometió
todo cuanto ella quiso. Desde entonces,
la reina comenzó a tratarlo como a un
pelele. El héroe no sabía negarse a sus
caprichos, y ella se aprovechó al máximo.
Cuando por fin se dio cuenta de que la reina
se estaba burlando de él, huyó.

A veces no nos damos cuenta de que alguien está abusando de nosotros. Debemos saber decir NO cuando creamos que alguien se quiere aprovechar de nuestra bondad. Hemos de marcar nuestros propios límites para lo bueno y para lo malo, debemos tener criterio y autoestima.

Separador de **libro**

Aquí tienes los pasos para elaborar un práctico separador de libro.

Material
lápiz, regla, cartulina, tijeras, hilo de bordar y marcadores de colores.

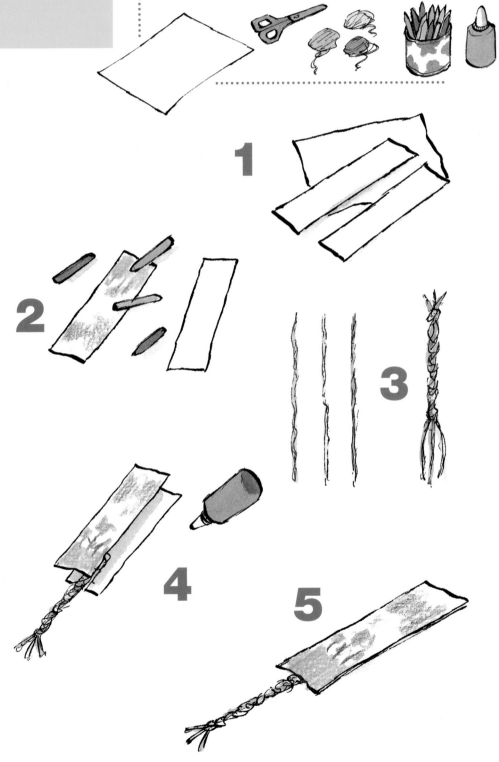

1. Dibuja y recorta dos piezas de cartulina como ves en la ilustración y con ayuda del patrón que encontrarás en la página 94.

2. Colorea a tu gusto las dos caras del separador de libro.

3. Corta tres hilos de 15 cm. Anúdalos en un extremo, haz una trenza con ellos y vuelve a anudar en el otro extremo.

4. Pega una tercera parte de la trenza entre las dos partes del separador de libro. Puedes poner algunos libros encima para que quede bien pegado. Espera hasta que esté bien seco y pegado.

5. Una vez terminado, puedes escribir tu nombre y dirección detrás; así, en caso de que pierdas el libro será más fácil localizarte.

Deyanira y el centauro

Desde Lidia, Heracles se dirigió a Etolia, donde reinaba Eneo, padre de una jovencita intrépida, Deyanira. Admirado y enamorado de ella, Heracles la pidió por esposa; pero a su mano aspiraba también Arquelao. Heracles desafió a este pretendiente y lo venció con gran facilidad.

Una vez casados, partieron a una remota región. Durante el viaje, llegaron a orillas del río Eveno, donde Neso, un centauro –mitad hombre, mitad caballo–, a falta de puente, se dedicaba a pasar a los viajeros de una orilla a otra. El centauro montó a Deyanira sobre su lomo para cruzar el río; pero apenas se alejó de la orilla, la estrechó entre sus brazos y marchó al galope, queriendo raptarla.

Heracles se dio cuenta enseguida de su malvada intención, y le disparó una de sus flechas envenenadas. Neso, cayó mortalmente herido. Pero antes de morir le dijo a Deyanira con dulzura:

–Escúchame, yo no quería hacerte ningún mal, sino sólo alejarte de un esposo indigno de ti. Antes de morir quiero hacerte un regalo:

moja mi túnica en la sangre que sale de la
herida, y si algún día tu esposo, enamorado
de otra mujer, se aleja de ti, pídele que se la
ponga. Volverá a tu lado, porque mi sangre
será un filtro de amor. ¡Adiós, bella princesa!
Rápidamente, mientras Heracles cruzaba
la impetuosa corriente, su esposa siguió las
instrucciones del centauro y guardó
la empapada túnica.
Pasaron los años. El héroe seguía realizando
increíbles hazañas de valor; pero su mujer
estaba celosa y se mortificaba con toda
clase de sospechas. Un día se acordó

del regalo de Neso, y fue a buscar la túnica
en el cofre donde la había guardado.
Convencida de que así recobraría el amor
de su esposo, le dijo:
–Ponte esta preciosa túnica. Es un regalo
que te hago.
Heracles se apresuró a complacerla.
Pero por desgracia, Neso había mentido
y su sangre no era un filtro de amor,
sino de muerte, ya que el veneno de las
flechas de Heracles había pasado a ella.
Apenas se puso la fatal túnica, ésta se ciñó
con fuerza al cuerpo del héroe,
impregnándolo del mortal veneno.

La confianza entre las personas
es la base del amor y de la amistad.
*Cuando confiamos en alguien, no debemos dudar
de su palabra y su estima. La desconfianza a veces nos
hace ver cosas que en realidad no son, y que, además,
después se pueden volver en contra de nosotros mismos.*

Los animales **mitológicos**

En las historias de la mitología griega aparecen animales fabulosos y curiosos a los que se atribuyen unas características especiales.

Sirenas
Eran mujeres jóvenes con cola de pez. Además de hermosas, cantaban bien.

Esfinge
Generalmente se representaba sentada como un león alado, con cabeza de mujer y cola de serpiente. La Esfinge desafió a Edipo a que adivinara un acertijo: "¿Cuál es la criatura que durante la mañana camina a cuatro patas, a mediodía sobre dos y por la noche en tres?" Edipo respondió: "El hombre. En su infancia gatea con las manos y las rodillas, que es como tener cuatro pies. Cuando es un adulto camina con dos. Y en el anochecer de su vida, cuando es un anciano, usa un bastón, lo que equivale a caminar en tres pies".

Pegaso
Era un caballo alado totalmente blanco. Lo peculiar de su vuelo es que, cuando lo realiza, mueve las patas como si en realidad galopara por el aire. Es el animal más noble del Olimpo.

Medusas
Eran monstruos femeninos capaces de convertir en piedra a quien las mirase. Tenían manos metálicas, colmillos afilados y cabellera de serpientes venenosas vivas.

Centauro
Eran seres que tenían cuerpo de caballo y busto de hombre. En su mayoría eran violentos, no tenían leyes ni daban hospitalidad, aunque también hubo algunos centauros sabios y amables.

Sirenas

Esfinge

Pegaso

Medusas

Centauro

Hacia el **Olimpo**

Gritando de dolor, Heracles se sintió desfallecer y se desesperó. Entonces se dirigió al monte Eta, arrancó pinos y encinos y los apiló para formar su propia hoguera. Subió sobre el fuego sin ayuda de nadie y con gran sufrimiento.

–¡No me toquen! –dijo a los amigos que lo habían acompañado–. También ustedes morirán envenenados. Enciendan la hoguera. Dentro de unos instantes habré muerto. Heracles, purificado y divinizado por el fuego, se dirigió hacia el Olimpo, desapareciendo de los ojos de los mortales, para pasar a gozar de la gloria divina que Zeus le había preparado.

Heracles se da por vencido cuando ya nada tiene solución. Prefiere morir para evitar que alguien se envenene en el intento de ayudarlo. Heracles asume las consecuencias de su propio destino. Muere como un héroe.

Los **héroes**

Son protagonistas de leyendas que se distinguen por su coraje. ¿Cuántos héroes y heroínas conoces? ¿Cuáles son sus hazañas?

Quizás alguna vez te has encontrado en una situación de valentía y has demostrado tu heroicidad. ¡Cuéntalo también!

Afrodita y Hefesto

La diosa Afrodita nació un amanecer de primavera en el mar. El cielo estaba claro, transparente, de color azul. El primer rayo de sol iluminó sobre las olas una concha y el suave movimiento del mar la llevó hasta la playa, depositándola con suavidad sobre la arena. Se abrió y apareció dormida en el interior una bellísima mujer, Afrodita.

Desde el cielo, Zeus envió a buscarla y Afrodita fue transportada al Olimpo, donde los dioses inmortales, felices de tenerla entre ellos, la acogieron alegremente y la proclamaron reina de la gracia y la belleza.

Muchos de ellos aspiraban a casarse con ella; pero el destino quiso que fuera la esposa del más feo de todos: Hefesto.

Hefesto era hijo de Zeus y Hera. Cuando nació, su madre, muy preocupada al ver un hijo tan poco agraciado, lo expulsó sin piedad del Olimpo. Y el pobre Hefesto, precipitado a la tierra, cayó en mala postura y quedó cojo.

Como no podía volver al cielo, se fue a vivir a la isla de Lemnos, donde había un volcán, en cuyo cráter fabricaba magníficas joyas y piedras preciosas. Nadie poseía tanto arte como él para trabajar el oro, la plata y el bronce.

Lo más importante de las personas es su belleza interior. Hefesto era feo, pero muy hábil creando joyas. Debemos apreciar todas las virtudes de los que nos rodean.

El patito **feo**

Mamá Pata estaba en la granja sentada sobre los huevecitos que había puesto, para darles calor. Esperaba con paciencia el nacimiento de sus patitos.

¡Crac! ¡Crac! Uno tras otro comenzaron a abrirse los huevos, y los patitos asomaban por ellos sus cabecitas. Inesperadamente, de uno de los huevos salió un patito con plumas negras. Mamá Pata no salía de su asombro. "¡Ninguno de los otros patitos es como este!", exclamó.

El pobre patito, al que llamarían en adelante Patito Feo, debió conformarse con su fealdad, y tolerar las burlas de los demás. La cerdita dijo que no quería verlo jugar ni acercarse a sus hijitos. La gallina, molesta por la presencia del patito, le aconsejó: "¡Deberías irte de este lugar y no molestar a los demás!".

El pobre Patito Feo, viendo que nadie lo quería, decidió marcharse en busca de su destino, fuera cual fuese. En su larga caminata por el bosque, lo sorprendió el temible Lobo Feroz, que tranquilizó al asustado patito diciéndole que no se lo comería porque no le gustaban los patitos... ¡Y menos tan feos!

Pasó el frío invierno solito y escondiendo

Este cuento te ayudará a aprender que no debes avergonzarte de tus diferencias ni menospreciar a los demás por las que puedan tener, que cada uno es como es, con sus cualidades y sus defectos.

su fealdad. Pero llegó la primavera y patito ya había crecido... De pronto, su corazón sintió un cosquilleo que nunca había tenido antes... Era como si mil campanas resonaran a la vez dentro de él... Su cuerpo estaba invadido por el amor de una bella cisne que lo miraba con ternura desde el lago. Entonces se vio a sí mismo reflejado en aquellas claras y cristalinas aguas y comprendió que no sólo ya no era tan feo, sino que se había convertido en un hermoso cisne. Había llegado su momento.

Al lado de su parejita, la bella cisne, todos lo admiraron.

Pasó el tiempo y los enamorados tuvieron hijitos. Patito Feo observó que eran como él cuando era chiquito y se le agrandó el corazón. Los amó muchísimo y fue un padre ejemplar.

El sillón **prodigioso**

Cuando supo del nacimiento de Afrodita y oyó hablar de su encantadora belleza, a Hefesto se le ocurrió una idea luminosa y comenzó a trabajar para realizar su propósito. Creó un precioso trono de oro, incrustado de piedras preciosas –diamantes, rubíes, zafiros, esmeraldas, topacios, amatistas…– y subió al Olimpo para regalárselo a su madre, Hera.

La diosa le dio las gracias muy satisfecha, y se sentó en el trono con aire majestuoso; pero, al hacerlo, se sintió sujeta por un misterioso mecanismo: le era imposible levantarse y empezó a gritar.

Todos los dioses acudieron e intentaron soltarla; fue inútil: por más esfuerzos que hacían, continuaba fuertemente sujeta, desesperada y exasperada.

Zeus llamó entonces a Hefesto.

–¿Qué clase de broma le has gastado a tu madre? ¡Déjala libre ahora mismo!

–Con mucho gusto –respondió Hefesto–. Pero vamos a razonar primero un momento: ¿Acaso tengo yo la culpa de ser tan feo? Entonces, ¿por qué he de residir en la tierra mientras todos los demás dioses viven en el Olimpo? ¡Es una injusticia! Esa es la razón de que haya inventado este trono mágico, y no liberaré a mi madre si no es con una condición: quiero ser admitido en el Olimpo y casarme con Afrodita.

No hubo manera de disuadirle y finalmente Zeus debió acceder a sus deseos.

Sólo entonces Hefesto liberó a su madre. Desde aquel día vivió en el Olimpo con su bellísima esposa, para quien había construido un maravilloso palacio de muros de bronce, oro y piedras preciosas.

Cada mueble y objeto era una perfecta obra de arte.

Pero mientras en el Olimpo todo era alegría y felicidad, en la tierra sucedía lo contrario. Los hombres eran cada vez peores, y Zeus, indignado, decidió castigar de un modo terrible su maldad.

Hera fue muy cruel con su hijo y su crueldad fue castigada. Hefesto quiso hacer justicia castigando a su madre, para que fuera consciente de su crueldad. Sin embargo, a nuestra madre siempre la debemos perdonar.

¿**Sabías** que...

... la ciencia que estudia las gemas es la GEMOLOGÍA? Las gemas son los minerales y las piedras preciosas, que se clasifican por su belleza (color, brillo, transparencia), dureza y rareza. Los tamaños de las piedras pueden variar. La piedra preciosa por excelencia es el diamante, la que posee el grado de dureza más alto. La importancia del diamante no sólo está en su innegable belleza, sino también en la gran utilidad que tiene en la industria. Tradicionalmente, las gemas se dividen en dos grandes grupos, las preciosas y las semipreciosas.

Se consideran preciosas cinco tipos de gemas: diamante, rubí, zafiro, esmeralda y amatista.

La bella **Pandora**

Para castigar la maldad de los hombres, Zeus le pidió a Hefesto que fabricara una estatua de mujer como las de carne y hueso. Hefesto modeló una figura femenina y los dioses quedaron admirados ante su preciosa creación. Zeus sopló sobre ella y le dio vida diciendo:

–Tu nombre será Pandora, que significa "aquella que posee todos los dones".

Zeus le dio una caja de marfil y le dijo:

–No la abras. Si lo haces, ¡pobre de ti!

Pandora partió hacia la tierra y se casó. Un día se despertó impaciente por saber qué había dentro de la caja y la abrió sólo un instante. Pero la curiosidad de Pandora costó muy cara a todos los hombres. Cuando levantó la tapa, salió del cofre una nube oscura que cubrió toda la tierra, y de ella surgieron las enfermedades, la desgracia, la envidia… Todos los males invadieron la tierra. Los hombres no volvieron a tener paz y se convirtieron en seres malvados y crueles. De la caja se asomó un pajarito que le dijo:

-¿Ves mis plumas verdes, Pandora? Soy la Esperanza… Estaba escondida en el fondo de la caja. Ahora volaré por el mundo para confortar el corazón de los hombres que sufren, para infundirles valor y fe… ¡Adiós!

La curiosidad es buena, pero si hemos prometido no hacer una cosa, debemos mantener nuestra palabra. Si te piden que guardes un secreto, por mucho que te cueste, lo debes guardar, sobre todo por respeto a quien te lo ha confesado.

Por muy mal que vayan las cosas, siempre debemos tener fe y esperanza. De esta manera podremos vencer todo lo que nos da miedo. Cuando tenemos un problema no debemos hundirnos, sino creer que lo podemos superar y hacer todo lo posible para conseguirlo.

Baúl de **juguetes**

Te damos los pasos para que te diviertas construyendo tu baúl de juguetes.

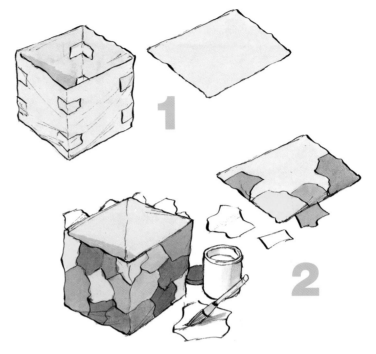

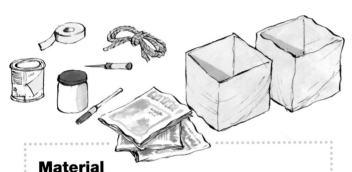

Material
dos cajas grandes de cartón (puedes ir al supermercado con tu madre y pedir dos vacías), cinta adhesiva, cordón grueso, barniz, pegamento, pincel y perforadora o punzón.
Para decorar el baúl
recortes de diarios, revistas, etc.

1. Una de las cajas será el baúl. Refuerza la base y los laterales de la caja con la cinta adhesiva de papel. Recorta uno de los costados de la otra caja para crear la tapa (deberá tener la misma medida que la parte superior del baúl, para que cierre bien).

2. Una vez reforzada, cubre la caja con los papeles y recortes que hayas recopilado, usando el pegamento. Haz lo mismo con la tapa. Por último, barnízalo todo.
Debes dejar secar ambas partes al menos dos días.

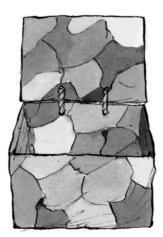

3. Una vez que esté seco, haz dos agujeros en la tapa y dos más en el baúl, tal como ves en la ilustración. Pasa el cordón por los agujeros para que la tapa se pueda abrir y cerrar.

4. ¡Y el baúl ya está listo para guardar tus juguetes favoritos!

Odiseo en Troya

Odiseo –Ulises para los Romanos– fue un héroe valiente, astuto e inteligente. Afrodita había prometido al troyano Paris el amor de la bella Helena, esposa del rey griego Menelao. Paris raptó a la joven y los griegos se enfurecieron. Como los antiguos pretendientes de Helena habían jurado protegerla en caso de peligro, formaron una armada y partieron a sitiar la ciudad de Troya para traer de nuevo a la bella Helena a Grecia. Odiseo fue uno de ellos.

Los griegos se dirigieron en barco hacia Troya para conquistar la ciudad. Pero los troyanos no se rendían y la guerra duró muchos años. A Odiseo se le ocurrió la artimaña decisiva: hizo construir un enorme caballo de madera, que en su interior era hueco. Y allí, en la gran panza del caballo, se escondieron los soldados. Después, se lo ofrecieron como regalo a sus enemigos, que, confiados, lo introdujeron en su ciudad. Aquella noche, mientras festejaban el regalo, se abrió una puerta secreta, los guerreros salieron del caballo y en pocas horas vencieron a sus desprevenidos enemigos. La ciudad que había resistido tantos años se rindió y Helena fue liberada. Después de esta difícil victoria, Odiseo deseaba regresar con su mujer y su hijo que lo esperaban desde hacía muchos años. Pero antes de regresar, tuvo que superar otras difíciles y peligrosas hazañas.

Odiseo demostró ser astuto al pensar en el engaño que permitió terminar una guerra tan larga. Los habitantes de Troya fueron sorprendidos por la artimaña de Odiseo.

El caballo de **Troya**

Tú mismo puedes realizar este práctico imán con la figura del caballo de Troya.

Material
arcilla roja, imán de tamaño botón, barniz para arcilla, cartulina, lápiz, tijeras, pincel, punzón, espátula, pegamento y regla.

1. Calca en la cartulina el patrón de la figura del caballo que encontrarás en la página 95. Recórtalo después. Amasa un pedazo de arcilla hasta crear una plancha de un grosor máximo de 2 centímetros. Marca la silueta del caballo en la plancha de arcilla.

2. Dale forma de caballo a la pieza de arcilla con ayuda de la espátula. Marca el ojo y dibuja las líneas del caballo que simulan la madera con ayuda del punzón y una regla y luego deja secar la pieza.

3. Una vez seca, barniza la pieza y déjala secar. Por último, pega el imán en la parte trasera y deja secar.

4. ¡Ya puedes sujetar todo tipo de papeles y notas en la puerta de tu nevera!

La isla de los **Cíclopes**

El primer obstáculo en su travesía fue el gigante Polifemo.
Odiseo y sus compañeros llegaron a una isla desconocida
y descubrieron una gruta donde cobijarse. De pronto, aterrorizados,
vieron aparecer un monstruo. ¡Era un cíclope, un gigante con
un solo ojo en el centro de la frente! Se llamaba Polifemo, era pastor,
le gustaba el vino y no tenía ninguna simpatía por los reyes,
ni tampoco por los héroes.

Por eso, en cuanto vio a Odiseo y sus compañeros, los tomó
prisioneros, encerrándolos en su amplia cueva.

Allí, mirándolos con su enorme ojo solitario, les preguntó
de dónde venían.

–De Troya –contestaron en seguida
los viajeros.

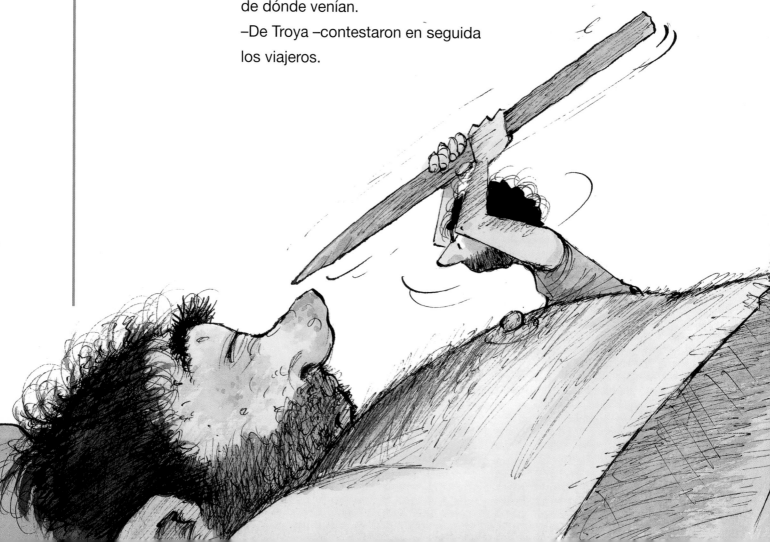

Después les preguntó cómo se llamaba el jefe de todos ellos.

–Soy yo, y me llamo "Nadie" –mintió Odiseo, que desconfiaba de aquel interrogatorio.

–¡No me gusta tu nombre, ni la cara de tus compañeros! Por lo tanto, ahora me comeré a dos de ellos, y al resto los dejaré encerrados un ratito más, hasta que tenga apetito de nuevo –amenazó Polifemo.

–¡Espera! –le gritó Odiseo, asustado del peligro que corrían–. ¡Toma antes este vino que te ofrezco!

El cíclope no se hizo rogar. Bebió una jarra tras otra, hasta caer borracho y quedar dormido. Aprovechando el sueño profundo del cíclope, Odiseo tomó una larga estaca de madera y hundió su extremo en el fuego. Cuando la punta estuvo al rojo vivo, la clavó en el ojo del gigante borracho, que bramó de dolor. Los gritos de rabia eran tan fuertes y agudos, que todos los cíclopes del lugar corrieron a ver qué ocurría, mientras Odiseo y sus compañeros huían hacia su nave, que los esperaba meciéndose al vaivén de las olas, a orillas del mar.

–¿Qué te pasa, amigo? –le preguntaron los gigantes al herido, que se había quedado ciego.

–¡Nadie me hirió! –gritó Polifemo, indignado.

–¿Quién?

–¡Nadie!

–Si nadie te hirió, debe de ser un castigo de los dioses –le hicieron observar sus amigos, y se retiró cada cual a su trabajo, dejándolo solo.

Así quedó ciego y engañado Polifemo, víctima del astuto Odiseo, a quien había querido devorar.

Odiseo fue muy valiente y salvó a sus compañeros. *A veces puede ocurrir que tus compañeros necesiten tu ayuda. Un buen amigo es aquel que está ahí cuando alguien le necesita.*

Pulpito **llavero**

¿Recuerdas cuándo te ha ayudado algún amigo? Aquí tienes los pasos para realizar un bonito llavero y ofrecérselo a ese amigo como símbolo de gratitud y amistad.

1. Enrolla el hilo de tejer alrededor del libro dando unas 130 vueltas, hasta formar un ancho de unos 10 centímetros, quedando bien cubierto.

2. Retira el hilo que cubría el libro. Anuda una de las ligas dejando unos 3 centímetros de hilo por arriba. Coloca la pelota como ves en la ilustración, hasta que quede completamente cubierta por el hilo.

3. Anuda la segunda liga en el otro extremo de la pelota y deja el resto de hilo colgando.

4. Pon el anillo de llavero cogiendo algunos hilos de la parte superior y corta el resto para que quede como un penacho. Corta los hilos de la parte inferior para que queden sueltos y puedas hacer las trenzas.

5. Haz las trenzas que serán los tentáculos del pulpo. Haz un nudo al final de cada una de ellas con otra hebra. Cuando las tengas todas hechas, corta las puntas que salen para que queden todas de la misma longitud. Finalmente, borda los ojos con el hilo negro.

Material
hilo de tejer del color que quieras, hilo de bordar negro, tijeras, pelota de pimpón, libro de unos 20 centímetros de altura, dos ligas y anillo de llavero.

La isla de **Eolo**

La siguiente parada de Odiseo fue en la isla de Eolo, el rey de los vientos. Éste, a diferencia del cíclope, era amable y gentil con las visitas.

A los viajeros les ofreció exquisitos alimentos y dio una pequeña fiesta en su honor. Al día siguiente, en el momento de despedirse, hizo dos cosas. Primero le entregó a Odiseo una bolsa que contenía todos los vientos malos. Después, los saludó varias veces con la mano, ordenando al mismo tiempo a los vientos buenos que empujaran la embarcación y la orientaran por la buena ruta. Odiseo vigilaba atentamente el desarrollo del viaje. Pero, como estaba muy cansado, se durmió, después de apoyar la cabeza en los brazos.

Mientras dormía, sus compañeros, creyendo que en la bolsa que
le había dado Eolo había mucho oro, la abrieron para repartírselo.
Y lo único que consiguieron fue que los vientos malos levantasen
las olas y desviaran la nave de la verdadera ruta, llevándosela quién
sabía a dónde. Eolo, al ver aquello, se enojó muchísimo y no quiso
ayudarlos más. Así que tuvieron que seguir remando con todas
sus fuerzas.
Pero las olas pudieron más que las fuerzas de los remeros
y la nave se hundió.
Odiseo fue el único superviviente. Con el mástil de su hundida nave
se construyó una especie de balsa, que las olas fueron llevando
hasta una isla cercana: Calipso.

La avaricia hizo que los compañeros de Odiseo fueran castigados. Cuando se trabaja en equipo, las recompensas se deben repartir entre todos.

Romper **la olla**

Diviértete jugando a "romper la olla" con tus amigos… ¡y cuida de no ensuciarte mucho!

1. Los jugadores participan de uno en uno. Se le vendan los ojos al participante y se le da un palo, situándolo de manera que con éste pueda tocar la olla.

2. Entonces se le hace dar unas vueltas y él deberá reorientarse. Cuando crea que puede darle a la olla, le asestará un fuerte golpe con intención de romperla. Normalmente se le dan tres oportunidades.

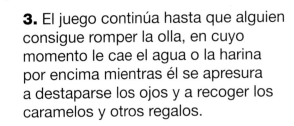

3. El juego continúa hasta que alguien consigue romper la olla, en cuyo momento le cae el agua o la harina por encima mientras él se apresura a destaparse los ojos y a recoger los caramelos y otros regalos.

4. Los demás participantes también corren a recoger los regalos que van cayendo.

Jugadores
a partir de dos
Material
este juego se practica al aire libre en un espacio que permita colocar una cuerda de un lado a otro, de la cual se cuelga una ollita o maceta en cuyo interior se habrán colocado caramelos, juguetes pequeños, etc. y, además agua o harina. También se necesitan un pañuelo negro para vendar los ojos y un palo.

La isla de **Calipso**

Calipso era una ninfa marinera, una hermosa mujer que vivía rodeada de algas, peces de colores y estrellas de mar, y dotada de maravillosos poderes que la hacían superior al resto de las mujeres. Calipso podía ayudar a Odiseo, pero no lo hizo porque se enamoró de él y quiso retenerlo a su lado para siempre. Pero Odiseo no pensaba más que en Penélope, su fiel esposa, que lo esperaba desde hacía mucho tiempo.

Una noche, Odiseo se escapó de la isla en una nave rudimentaria que se había fabricado a escondidas. Otra ninfa del mar le dio un cinturón flotador.

La nave se hundió, pero Odiseo, nadando con la ayuda del cinturón, llegó a una playa desconocida: estaba en la tierra de Alcinoo, un rey muy rico y amado por su pueblo. El náufrago se acercó hasta la

corte del monarca, y allí pidió a la reina que le facilitara las cosas
necesarias para volver a su patria.

Sin preguntarle quién era, todos lo agasajaron mucho y los jóvenes
lo invitaron a competir con ellos en un deporte del país. Odiseo
no pudo negarse. El juego consistía en arrojar una pesada piedra.
El que la lanzaba más lejos, era el ganador. Algunos competidores
no podían ni siquiera levantar la piedra, ¡tan pesada era! Odiseo
la tomó sin dificultad alguna y la lanzó tan lejos, que nunca más
se la pudo encontrar.

Todos quedaron admirados y el rey, asombrado, le pidió que,
por favor, le contara su vida, que debía de ser muy interesante.
Odiseo no se hizo rogar. Contó cómo había dejado su palacio,
su mujer y su hijo, para ir a la guerra de Troya. Entre tanto,
una nave, ya lista, esperaba al héroe para llevarlo hasta su tierra.

Es bonito escuchar las historias que nos cuentan las personas mayores, como nuestros abuelos. Con sus años de experiencia nos pueden enseñar muchas cosas. Estas historias también son divertidas y nos gustan porque nos imaginamos cómo vivían nuestros antepasados.

Juego de
la rayuela

Consiste en dibujar en el suelo una rayuela como aparece en la ilustración, lanzar una piedra y saltar dentro de los dibujos. Es un juego tradicional extendido por los cinco continentes.

1. Se lanza la piedra dentro de la primera casilla.

2. El jugador tiene que hacer el recorrido a la pata coja por todas las casillas y saltar por encima de la casilla donde está la piedra.

3. Cuando llega a la última casilla, vuelve hacia atrás hasta la casilla marcada con un dos. Desde allí tendrá que recoger la piedra y saltar por encima de esta casilla hasta salir fuera.

4. Cuando un jugador consigue hacer el recorrido, lanza la piedra a la segunda casilla y sigue el juego de la misma forma, recogiendo siempre la piedra desde la casilla anterior.

5. Si se pisa la línea con la piedra o con el pie, o se apoyan ambos pies en el suelo, se pierde el turno. Cuando le vuelve a tocar, el jugador continuará el juego lanzando la piedra desde la casilla donde estaba. Gana el primero que consigue completar el recorrido.

El regreso de Odiseo

Hacía veinte años que Odiseo se había ido de su patria querida, la isla de Ítaca. En aquellos veinte años, Telémaco, su hijo, se había hecho un hombre, y salió en busca de su padre, a quien extrañaba muchísimo.

La reina Penélope, esposa de Odiseo, tuvo una sola preocupación en tanto tiempo: ahuyentar a los pretendientes que querían casarse con ella en ausencia de su marido.

Al encontrarse Odiseo con su hijo y contarle éste lo que estaba ocurriendo con los atrevidos pretendientes, los dos idearon un plan. El hijo disfrazó al padre de mendigo y se presentaron ambos en el palacio.

–¡Hijo, qué suerte que has vuelto! –le dijo, abrazándolo, Penélope, que en su ausencia se había sentido muy sola.

Los pretendientes fingieron también que se habían puesto muy contentos de ver de vuelta a Telémaco. Al ver al mendigo que lo acompañaba, lo tomaron a risa y empezaron a burlarse de él. Odiseo los dejó hacer, esperando la oportunidad para castigarlos.

Penélope, que no sabía aún nada del retorno de Odiseo disfrazado de mendigo, había preparado una prueba. El triunfador tendría derecho a tomarla por esposa. La reina sabía

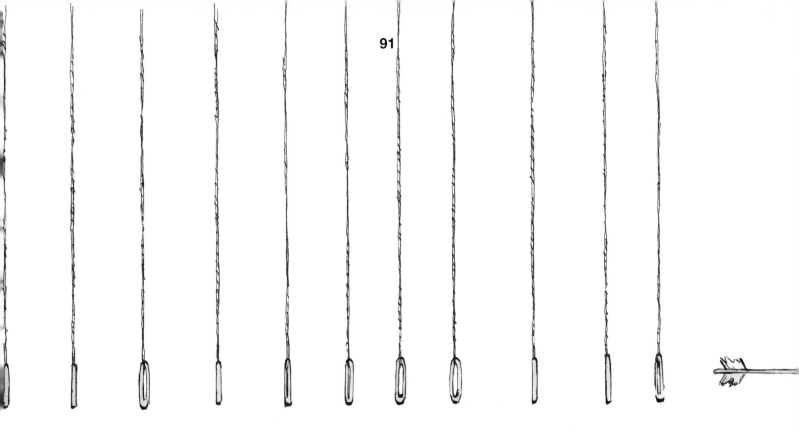

de antemano que el único que podía ganar era Odiseo. Pero ni se imaginaba que ya lo tenía allí, de vuelta.

La prueba consistía en disparar una flecha que tenía que pasar por el centro de doce anillos, uno tras otro, sin tocarlos.

Los pretendientes probaron y sucesivamente fracasaron, sin obtener ninguno de ellos el éxito deseado.

Penélope se sentía tranquila. Con aquello alejaría por algún tiempo de sí a los molestos pretendientes.

Entre burlas y risas, los aspirantes a la mano de la reina pidieron al mendigo que probara él a disparar también la flecha. Odiseo tomó firmemente el arco, ajustó la cuerda, tiró de ella, apuntó y disparó: ¡la flecha, ante la sorpresa de todos, pasó exactamente por el centro de los anillos!

–¡Ahora, a otro blanco! –gritaron a un tiempo Odiseo y Telémaco, y empezaron a disparar contra los pretendientes, que huyeron despavoridos.

Penélope le quitó el disfraz, sin poder creer lo que veía, y los dos se unieron en un fuerte abrazo después de tantos años de estar separados. Telémaco, con lágrimas en los ojos, sonreía.

Y en adelante, Odiseo se quedó en su reino con su esposa.

Además
de astuto,
Odiseo, era
fiel, leal y tenía
muchas cualidades
más, por eso
se convirtió
en un héroe.

Haz tu propio disfraz de **Odiseo**

¿Sabías que el calzado más antiguo que se conoce es la sandalia? Las griegas se fabricaban en diversos colores y con adornos variados, incluso oro.

1. Dibuja la espada de la medida que quieras en el cartón, recórtala, píntala como en la ilustración y déjala secar.

2. Elabora las sandalias griegas forrando las playeras con la cinta y dejando cinta para atarlas con una lazada en las piernas (mira la ilustración).

3. Elabora el vestido con la tela blanca, que deberás atarte en el hombro izquierdo con el seguro. Anuda el cordón en la cintura a modo de cinturón. Finalmente, puedes pedir ayuda para que te pinten la barba y para ponerte la cinta en la cabeza.

Material

pintura para la cara (¡deberás pintarte la barba!), 2 metros de tela o una sábana blanca, cartón, pincel, pintura gris y negra para la espada, tijeras, 1 metro de cordón grueso para el cinturón, medio metro de cinta de color blanco para la cabeza, seguro grande, unas sandalias y cinta marrón para forrarlas.

manualidades

Plantillas

Marco de fotos

Página 11

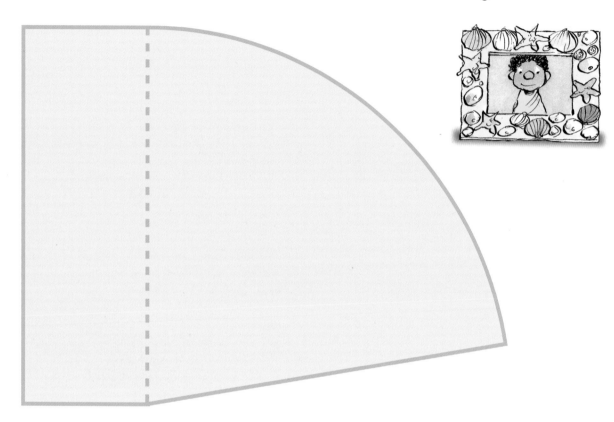

Separador de libro

Página 57

La línea exterior te sirve como plantilla
de la parte de atrás del marco.
Éste es un marco para fotos 10 x 15 cm.
Aumenta o reduce según el tamaño de la foto
que vayas a utilizar.

**El caballo
de Troya**

Página 77

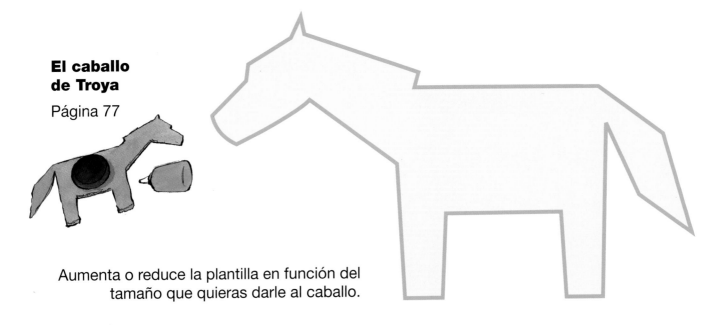

Aumenta o reduce la plantilla en función del
tamaño que quieras darle al caballo.

DISFRUTA CON LA MITOLOGÍA

Texto: **Berta Garcia Sabatés**

Ilustraciones: **Francesc Rovira**

Diseño y maquetación: **Gemser Publications, S.L.**

© Gemser Publications, S.L. 2008

© de esta edición:
EDEBÉ 2008
Paseo de San Juan Bosco, 62
08017 Barcelona
www.edebe.com

ISBN: 978-84-236-8814-2
Impreso en China
Primera edición en este formato, febrero 2008
Segunda edición en este formato, julio 2009